Bible Color By Number

ABCs

INCLUDES LETTER PAGES!

Aa
Bb
Cc

Kids 4-8

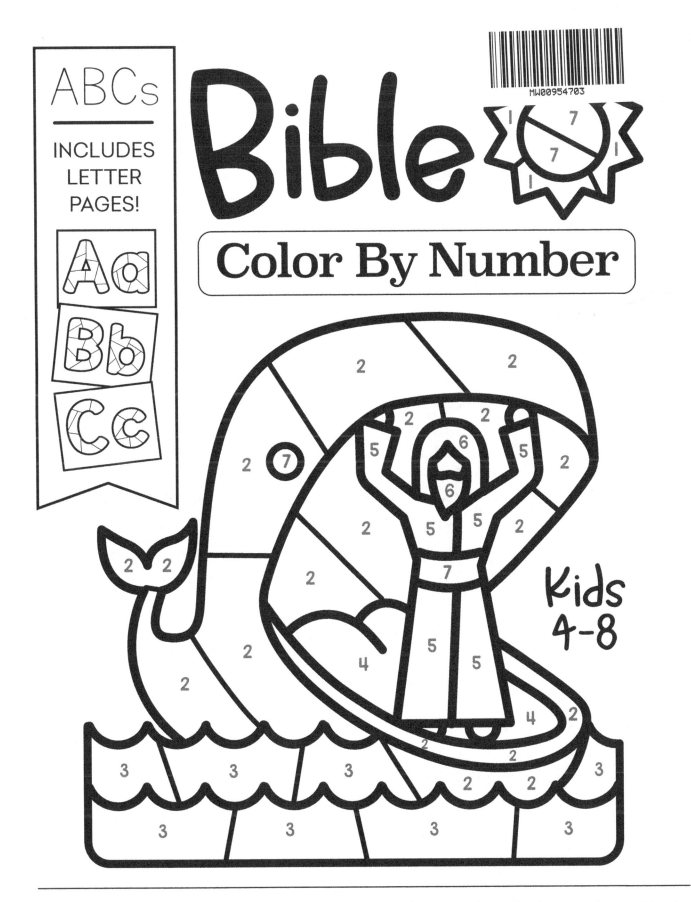

This book is made to be used with crayons, pencils, or markers. Each page has a black background on the reverse to help with bleed-through. Also, you can cut out each page using the trim line or use a separate piece of paper between pages. Have fun!

The Serpent and the Apple

1 Yellow 2 Blue 3 Red 4 Light Green 5 Dark Green

The Bible

1 Blue **2** Yellow **3** Gold **4** Brown **5** Grey

The Cross

① Gold ② Blue ③ Purple ④ Green ⑤ Red

The Story of David and Goliath

① Blue ② Tan ③ Blue ④ Brown ⑤ Green

The Stone Rolled Away from the Tomb

① Gold ② Blue ③ Grey ④ Green ⑤ Black

Jesus Provides Bread and Fish

(1) Light Blue (2) Dark Brown (3) Dark Blue
(4) Light Brown (5) Green (6) Blue

God's Beautiful Earth

(1) Light Blue (2) Dark Blue (3) Light Green (4) Dark Green
(5) Grey (6) Yellow (7) White

Heaven

① Gold **②** Yellow **③** Light Blue **④** Dark Blue

Moses Parts the Red Sea for the Israelites

1 Light Blue **2** Brown **3** Green **4** Tan
5 Yellow **6** Dark Blue

The Ascension of Jesus to Heaven

1 Dark Blue **2** Yellow **3** Light Blue **4** Tan
5 Brown **6** Purple

Jesus is King of Kings

(1) Gold (2) Blue (3) Purple (4) Light Blue
(5) Tan (6) Green

Jesus is the Lamb of God

(1) Yellow   (2) Gold   (3) White   (4) Pink   (5) Brown
(6) Light Green   (7) Dark Green

Moses and the Burning Bush

(1) Blue (2) Tan (3) Orange (4) Light Green (5) Dark Green
(6) Brown (7) Blue

Noah's Ark in the Storm

1 Grey **2** Dark Blue **3** Red **4** Green **5** Brown
6 Yellow **7** Blue

Dove Brings Noah Olive Branch of Peace

(1) Red (2) Green (3) Grey (4) Light Blue (5) Dark Blue

Praying Hands

① Dark Blue ② Purple ③ Green ④ Brown ⑤ Light Blue

Queen Esther

1 Dark Blue **2** Light Blue **3** Tan **4** Gold

5 Brown **6** Purple

A Rainbow is God's Promise

(1) Yellow (2) Light Blue (3) Orange (4) Green
(5) Dark Blue (6) Purple

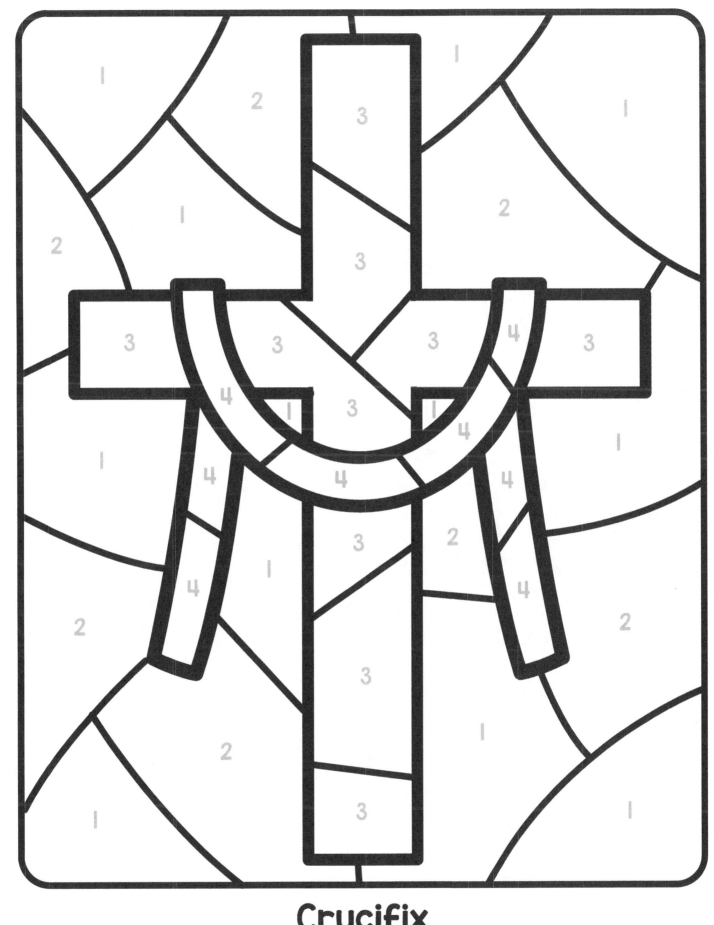

Crucifix

① Dark Blue ② Light Blue ③ Brown ④ Purple

The Trinity

(1) Dark Blue **(2)** Light Blue **(3)** Brown **(4)** Purple

Unity

(1) Blue (2) Brown (3) Tan (4) Yellow (5) Red

Jesus is the True Vine

(1) Blue (2) Light Green (3) Dark Green (4) Brown (5) Purple

Jonah and the Whale

1 Light Blue 2 Grey 3 Dark Blue 4 Red
5 Green 6 Brown 7 Yellow

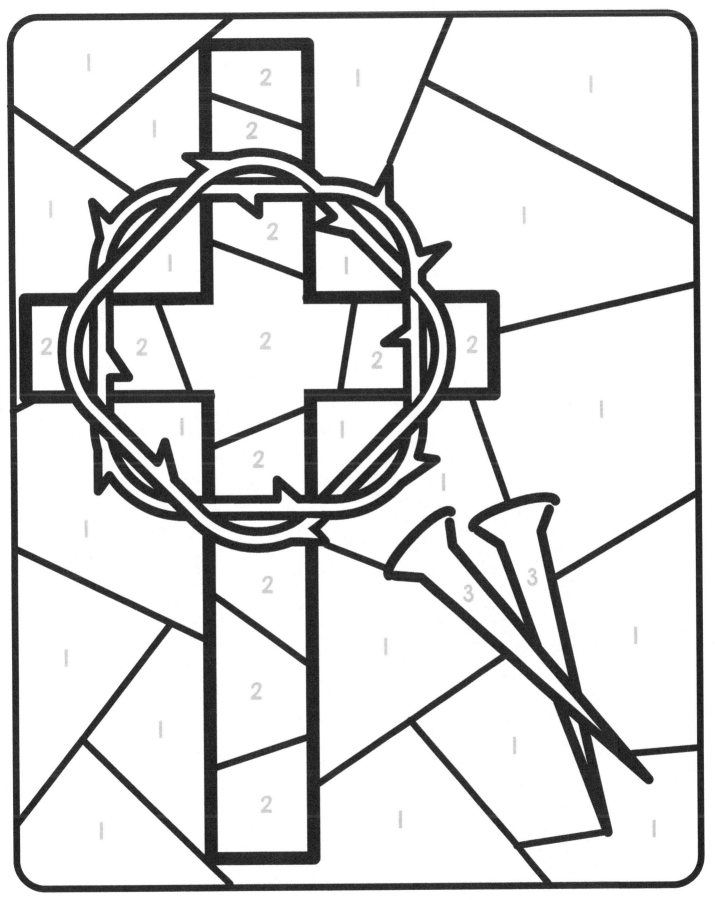

Crown of Thorns and Nails

① Purple ② Brown ③ Grey

Yahweh

① Purple ② Gold ③ Tan ④ Brown

The City of Zion

(1) Light Blue (2) Green (3) Grey (4) Brown (5) Dark Blue

(6) Tan (7) Yellow

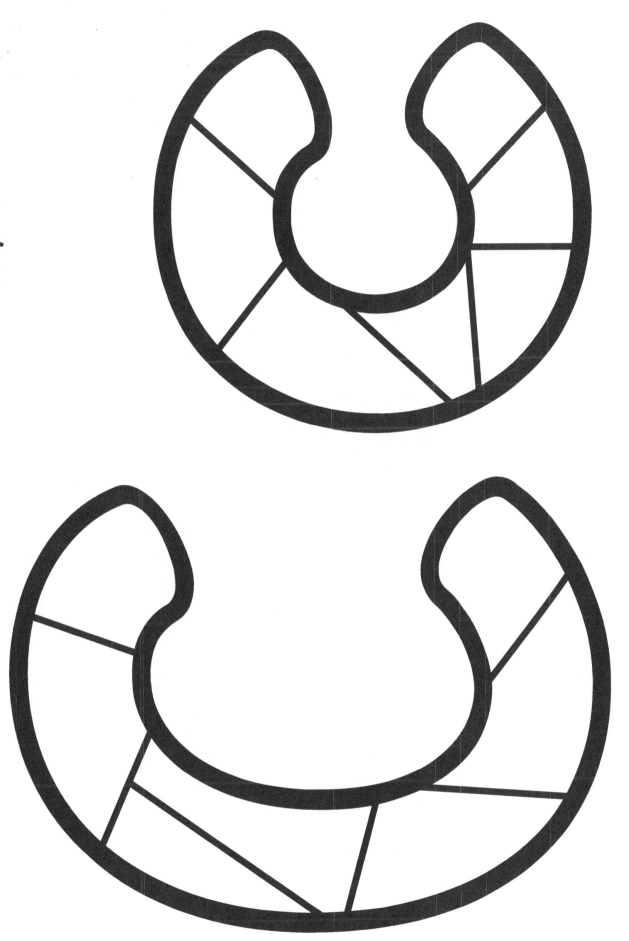

Use your favorite colors!

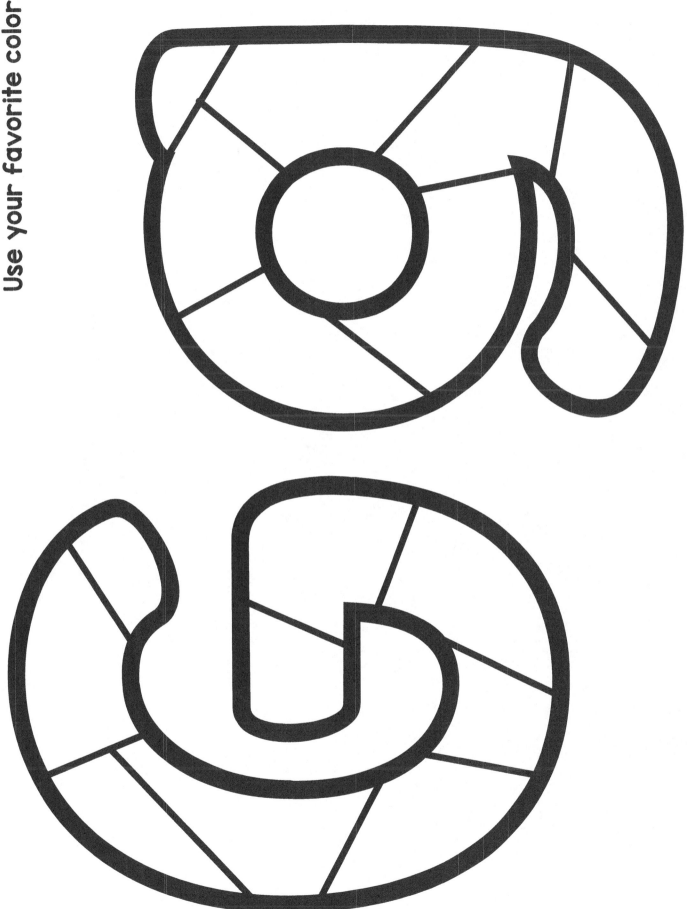

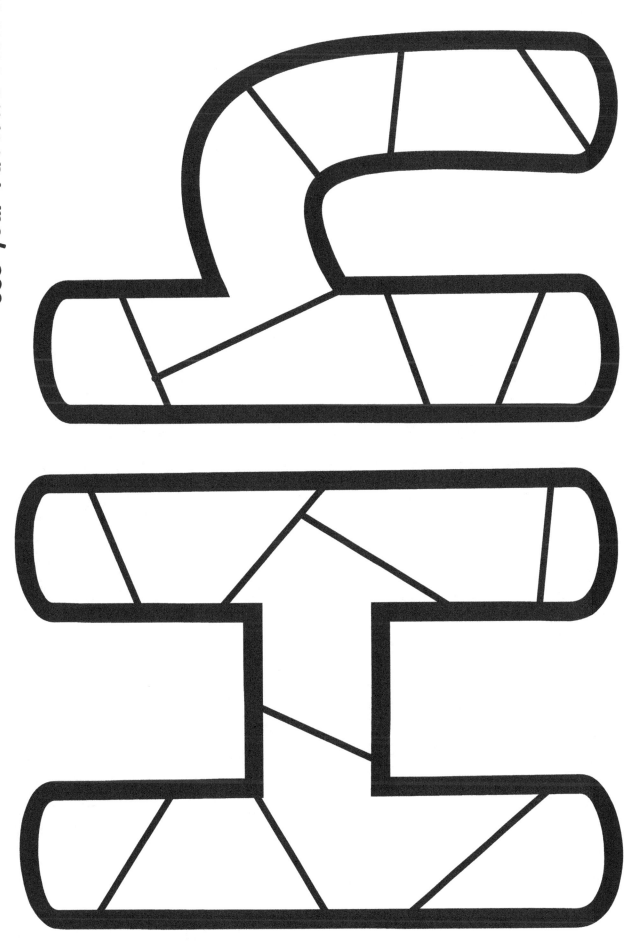

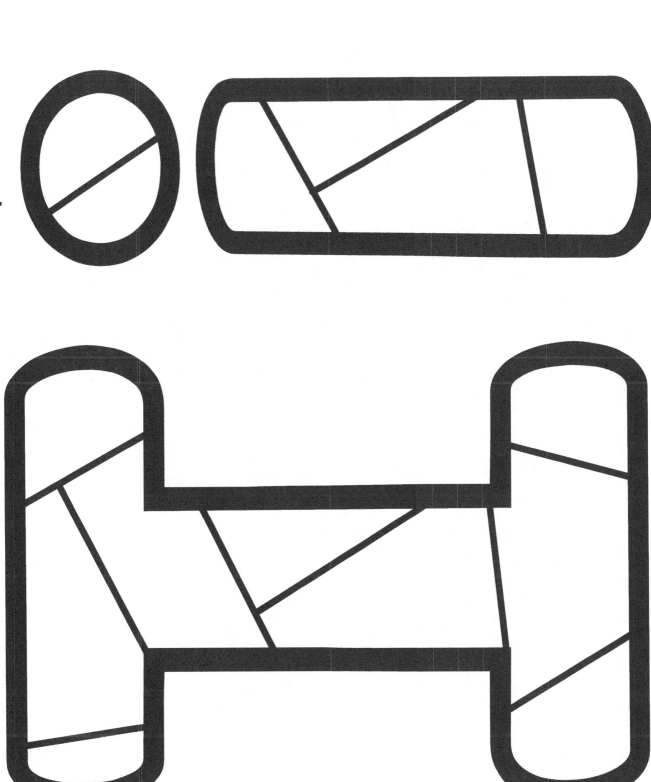

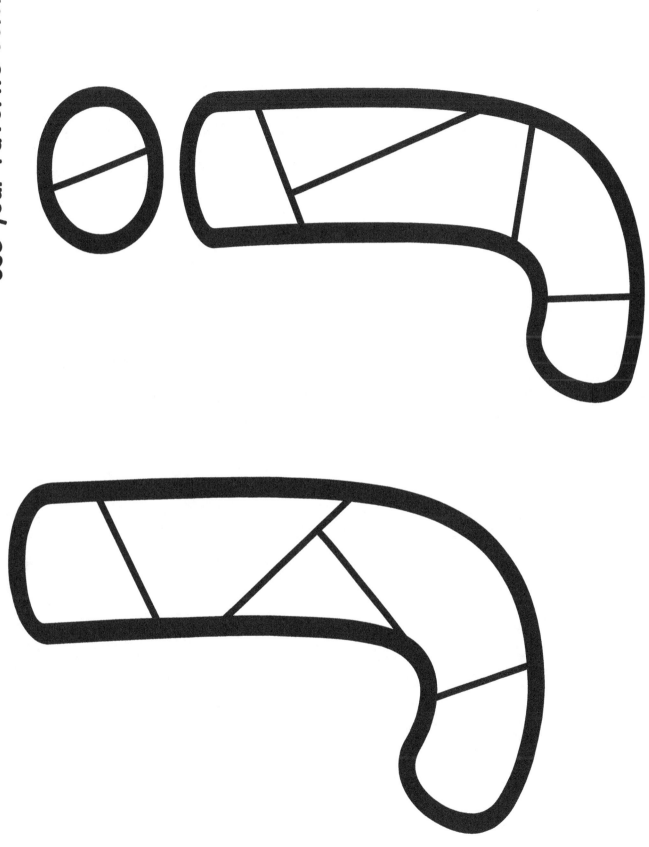

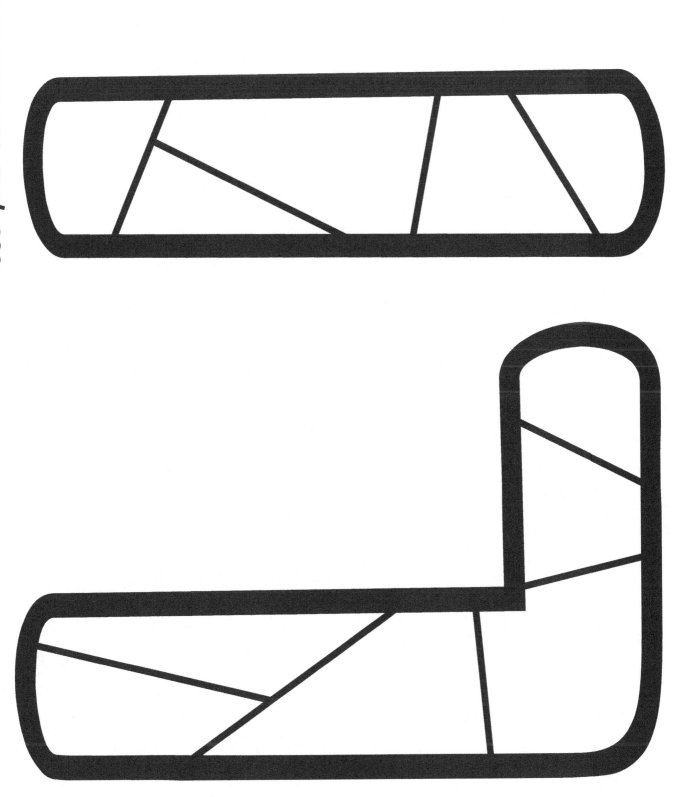

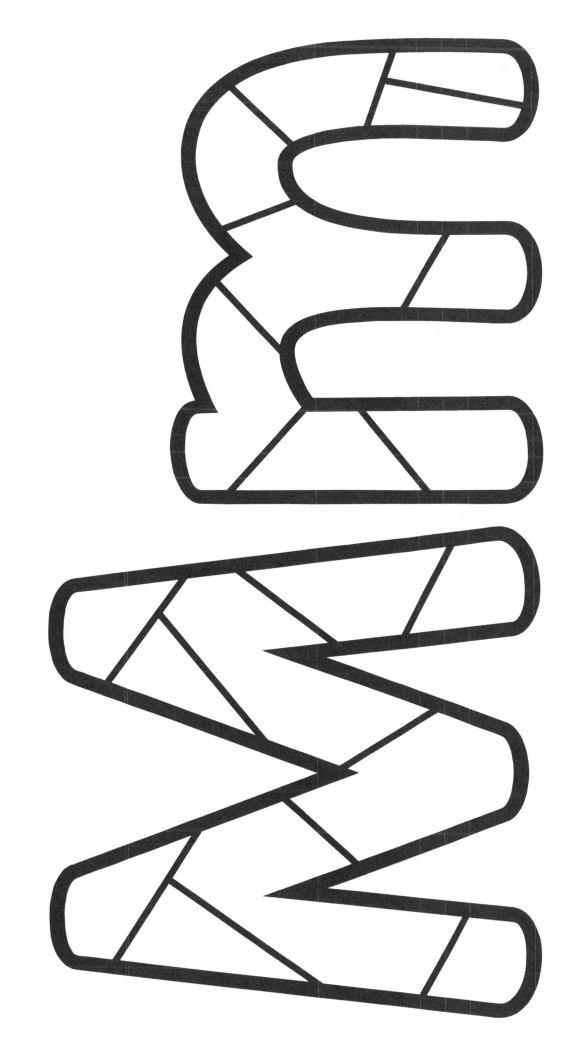

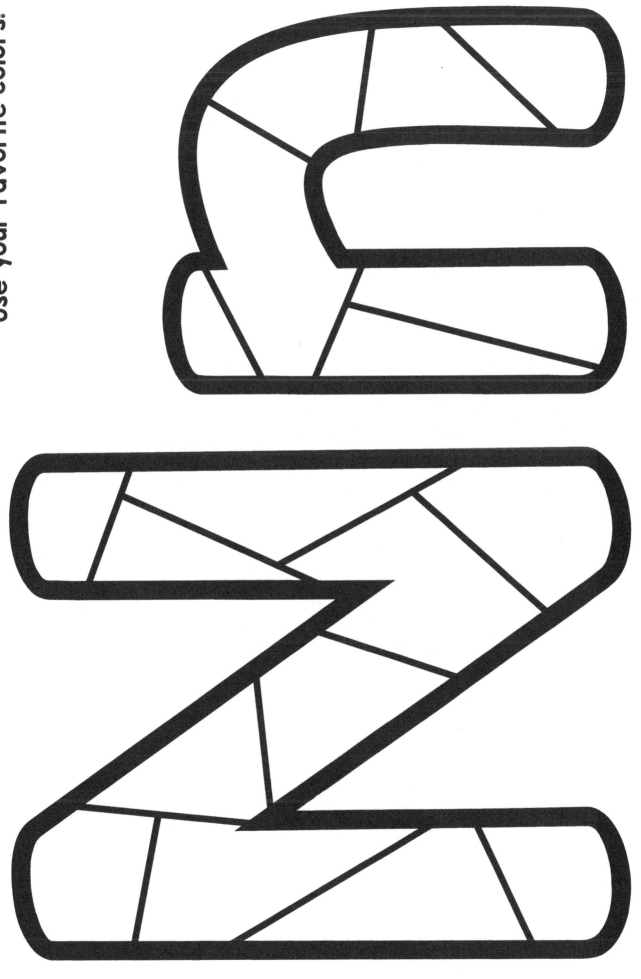

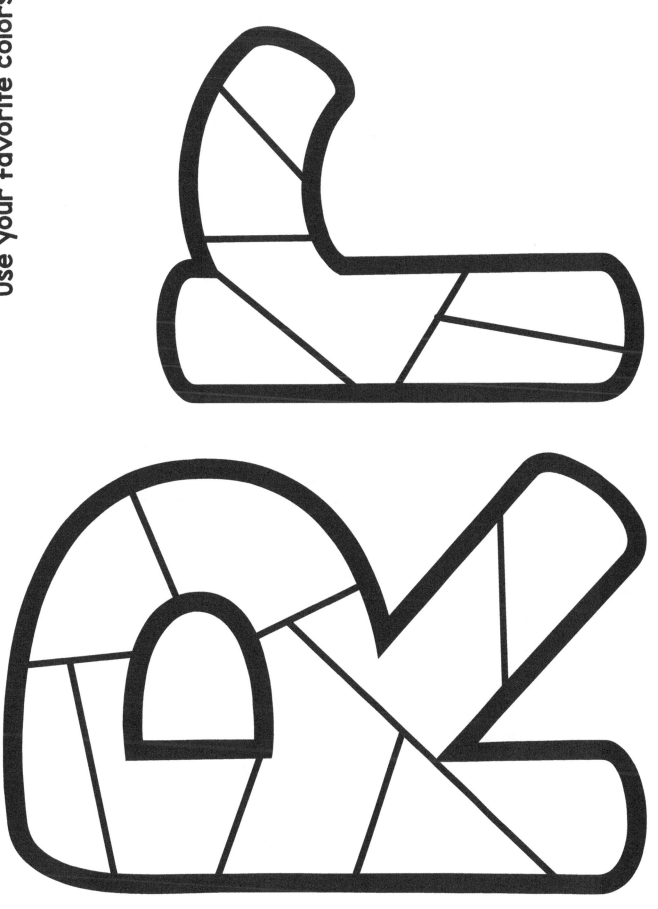

Use your favorite colors!

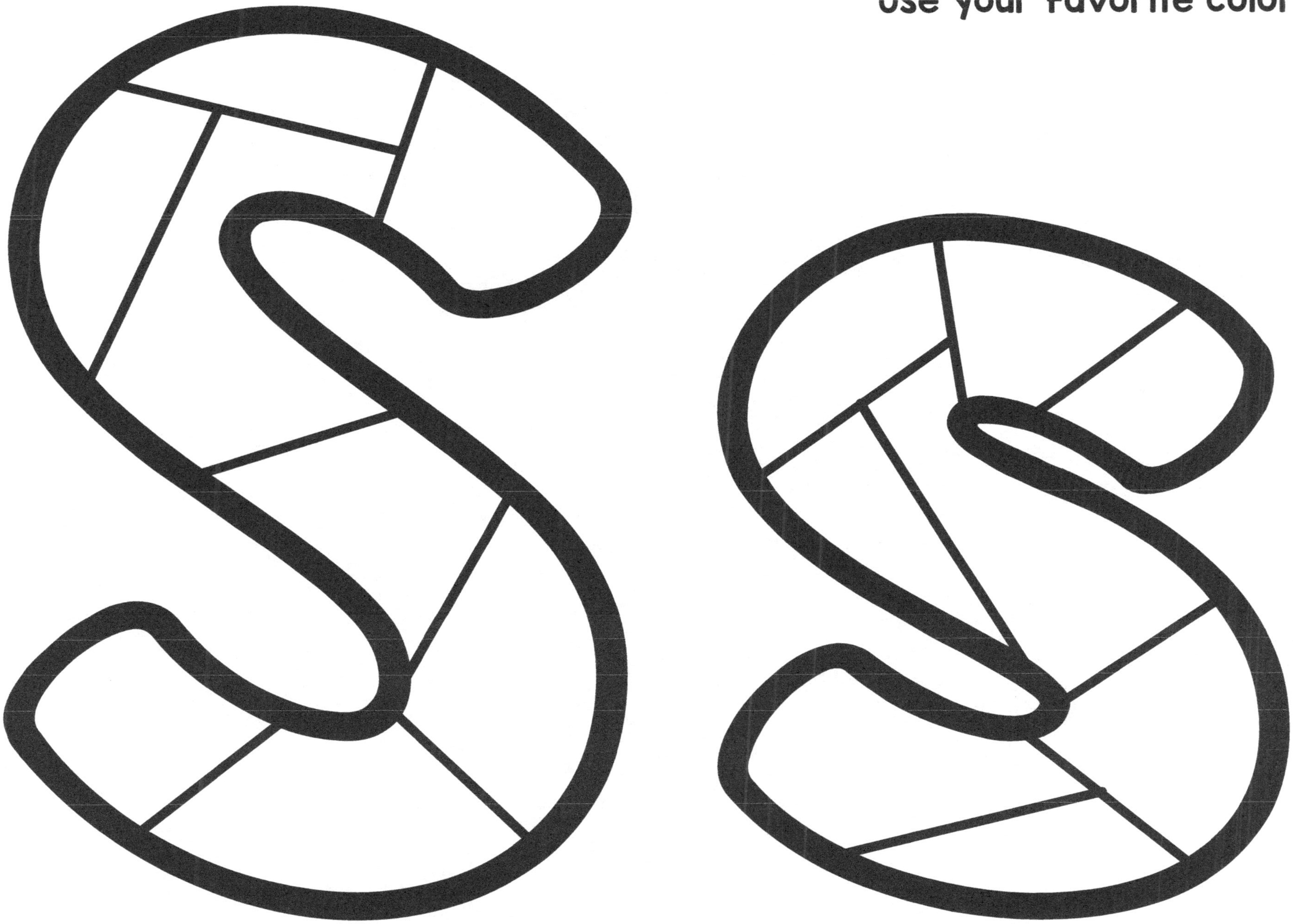

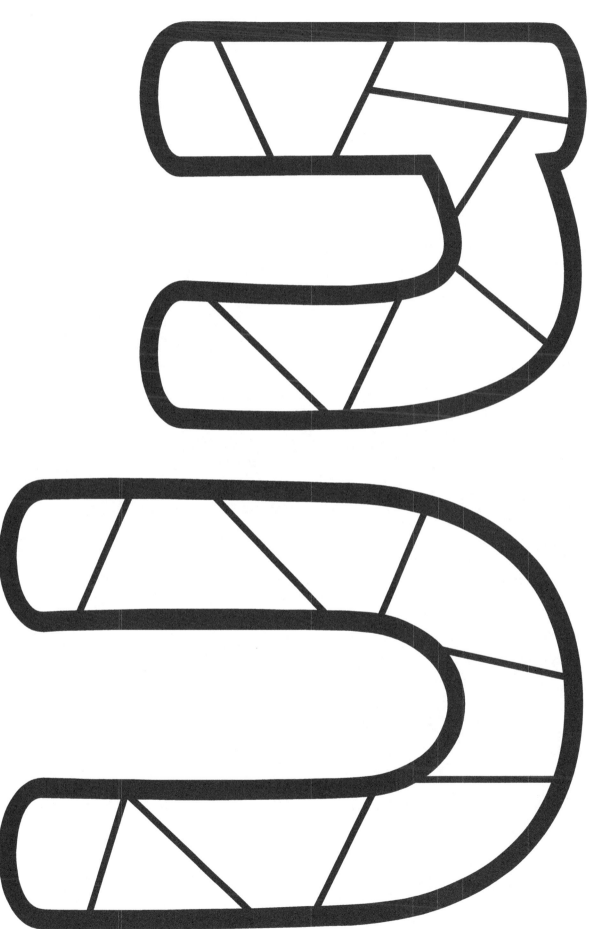

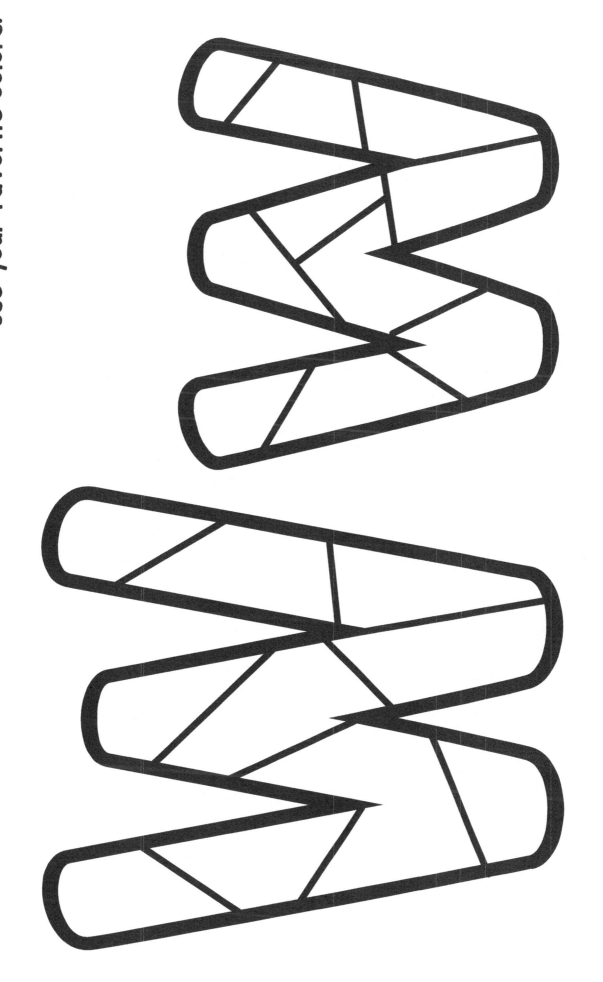

Use your favorite colors!

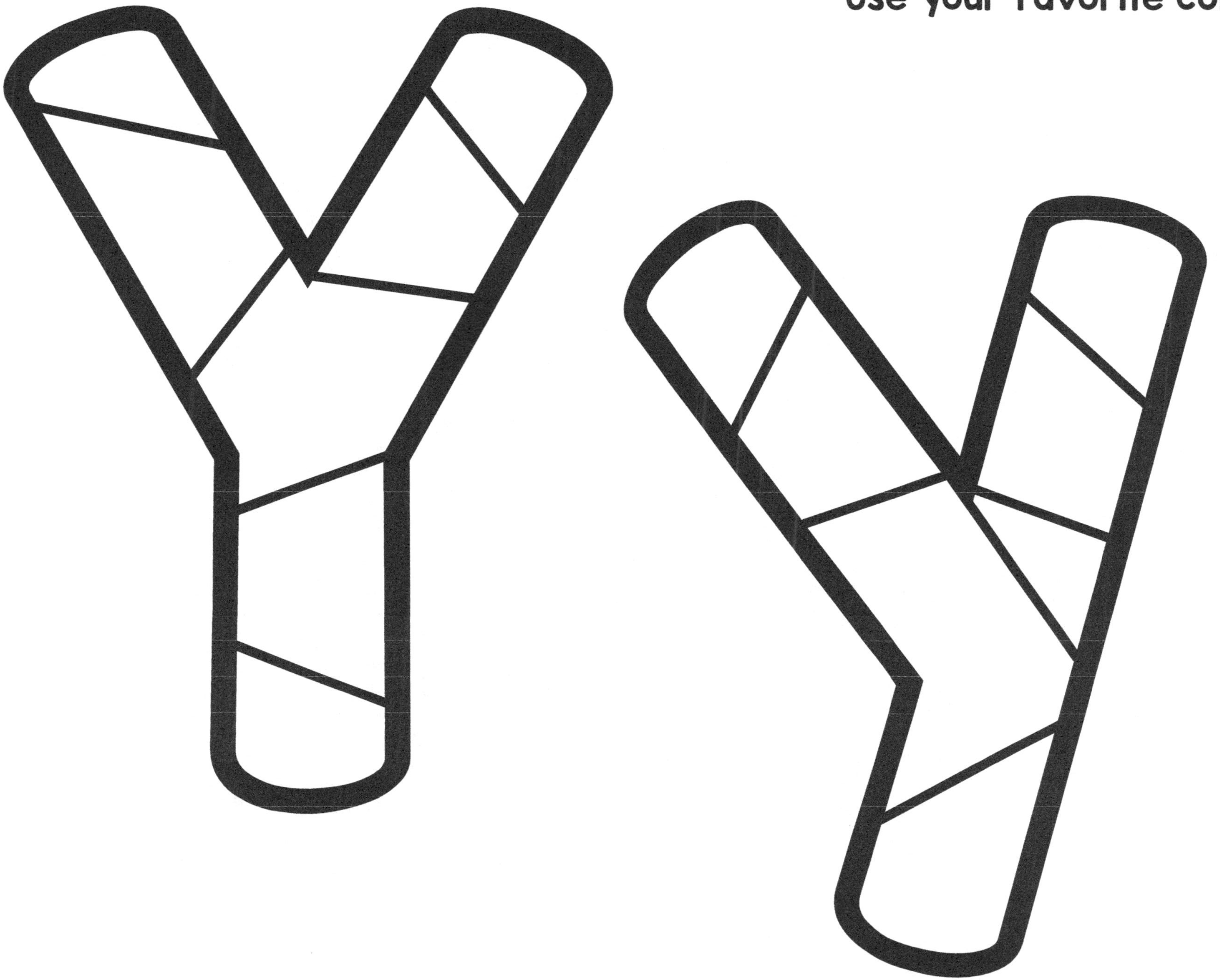

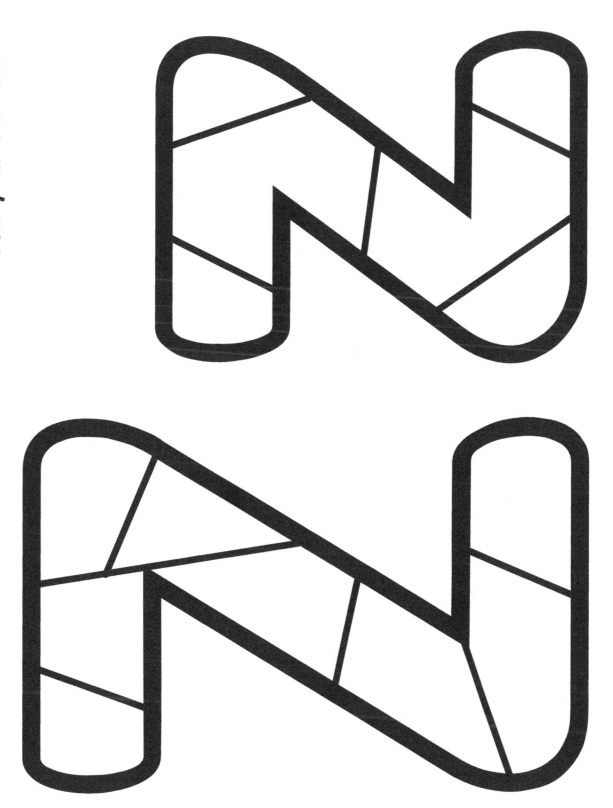

Made in the USA
Las Vegas, NV
10 March 2024

86972685R00059